La poésie ?

À chacun la sienne.

Ma poésie ?

Âme tantôt gaie tantôt douloureuse,

Révélée à l'encre,

Sympathique.

## Défilé féminin.

Voici un défilé de poitrines offertes
Où le cœur haletant sous une mine alerte
Rythme la cadence d'un tempo régulier,
Rythme la cadence d'un pas cavalier.

Sous la jupe serrée moulant des fesses rondes
Elles gardent en secret la blessure profonde
Qui nous donne la vie et qui nous fait rêver,
Qui nous donne la vie et nous rend fous à lier.

Celle-ci ingénue, la poitrine chenue,
Du haut de ses quinze ans voudrait monter aux nues,
Fait son marché de dupes, de son corps fait l'objet,
Fait son marché de dupes et puis nous rit au nez.

Celle-là la trentaine, encore tout amusée,
L'œil luisant fait la fière, se sent tout émoussée.
Elle ne recherche guère qu'à nous émoustiller,
Elle ne recherche guère qu'à nous faire danser.

Cette autre a quarante ans, l'âge où le temps défile
À grands pas pour trouver une fidèle idylle.
Qui encore pourra être l'insigne amant ?
Qui encore pourra lui donner un enfant ?

Quand le temps a passé, qu'elles deviennent aigries,
Qu'elles n'ont pas trouvé la moitié d'un mari,
Elles redeviennent espiègles pour tuer le temps,
Elles redeviennent espiègles ou entrent au couvent.

## Contemplation.

Ils passaient dans les rues par wagons,

Ils et Elles.

Assis à la terrasse d'un café

Je vivais ce flot permanent.

La nuit tombée

Elle apparut l'air dégagé,

Espérant qu'on la contemplât

Mais ne sachant qu'on la contemplait en effet.

Celle-ci aurait pu échapper à mon regard.

Moi, j'en aurais perdu le plaisir d'un instant.

Elle, en serait restée dépourvue comme avant.

*"Tus ojos me recuerdan las noches de verano."*
*(Antonio Machado)*

İnénarrable plaisir de croiser des yeux mutins, sourires coquins, poitrines fières, hanches qui balancent, jupes frivoles, encore et encore…

Et ces grands yeux, regard mélancolique fuyant sous des sourcils altiers de femme sans doute négligée.

La longue chevelure brune retenue en forme de chignon n'ose se libérer de son infortune matrimoniale.

À la terrasse du café elle affiche un semblant de sérénité qui ne trompe pas, elle le sait, mes regards où elle n'ose s'abandonner.

## Plaisir d'un instant.

Au creux d'un bois de chênes sombre

Sa silhouette balançait dans l'ombre

Progressant vers moi peu à peu.

Suivant ses courbes j'en fus envieux…

Deux hirondelles au doux plumage

Clignèrent des ailes sur son visage:

Pétales de rose sur ses yeux bleus,

Pommettes fragiles, daim-camaïeu.

Ses lèvres esquissèrent un sourire…

Tourneboulé là sans rien dire

Je savourais l'instant-plaisir,

Épiphanie belle à ravir.

Une Hirondelle a fait le printemps dans mon cœur.

À tire d'aile, a semé en moi le bonheur.

Son doux plumage frôla le creux de ma poitrine,

Cherchant un nid pour se poser au plus intime.

Elle découvrit dans mon sein un doux doudou,

Qu'en rien de temps elle fit sien, lit d'amadou.

Belle Hirondelle, serai-je à toi pour toujours ?

Ô demoiselle veux-tu me vouer ton amour ?

Un phare m'éclaire venant de toi,
Qui à bon port mène sa glisse,

Révèle de toi la facétie,
Ton cœur sensible, ta valeur.
Un arc-en-ciel guide tes yeux,
Distille dans tes doigts les couleurs
Que tu façonnes en éclaircie.

Quand dans ta tête éclosent les Muses
Rien ne t'arrête, chaud, froid, tempête.
Le temps s'arrête, il n'y a plus d'heure.
Grosses caisses, timbales, clairons, trompettes
Ne te distraient, tu t'en amuses.

Je suis petit face à l'esthète
Qui sonde l'âme, dessine autour
Dans ton vaisseau, Reine d'aquarelle
Tu hisses la voile, cap vers l'amour
Pour livrer des vers la cachette.

Si l'as de pique vise ma tête
Je l'évite par mon as de coeur.

Petits yeux bleu pastel
Que la clarté anime
Quel mystère recèle
Ce regard anonyme ?

Je guette les instants
Rares et chers à la fois
Où allez scintillants
Du feu d'amour pour moi,
Petits yeux bleus rêveurs,
Fuyant la bête humaine,
Abandonnés, ailleurs,
Cherchant la Lune pleine.

Coiffées en filigrane
Du fard qui les couronne,
Vos pupilles se pâment
Aux nues de Carcassonne.
Petits yeux bleus coquins
Prompts à me taquiner,
Vous me rendez jaloux
Des joies de la Cité.

Petits yeux bleu pastel
Que la clarté anime
Quel mystère recèle
Ce regard anonyme ?

### Beauté.

C'est au réveil

En plein soleil

Que le bonheur

Comme une fleur

Frappe à ma porte.


Alors mon cœur plein de gaieté

Rejoint ton cœur et la clarté

De ton visage plein de tendresse.

Je me repais de cette ivresse.

Adieu le temps des feuilles mortes.

Des cheveux de jais, grand sourire,

Jambes haut perchées, à ravir,

Et ces yeux profonds qui scintillent,

Un regard mutin les anime.

Tantôt mélancoliques ils vrillent,

Tantôt l'air coquin jouent la frime.


Longs doigts au bout des mains, si fins !

La courbe des hanches, je flanche !

Chaleur du visage, bronzage.

Main sur ton épaule, je frôle.

Douceur des cheveux, si soyeux !

Beauté de ton âme, belle dame !

Au petit matin, réveillé par le chant des oiseaux, j'ouvris les yeux, tu étais là, endormie contre moi, telle un joyau dans son écrin. Je me levai pour ouvrir les volets. Le soleil dorait déjà les branches de mon citronnier. Elles frémissaient à la caresse d'un petit air frais. Je m'en retournai m'allonger sans bruit pour t'admirer dormir d'un sommeil profond. Je contemplais ton corps voluptueux étendu sur le ventre. Je le caressais du regard, du bout de tes pieds jusqu'à la naissance de ton cou. Tellement caressé que la douceur de ta peau et la courbe de tes hanches m'ont donné le vertige. Ta longue chevelure brune recouvrait ton visage. Je plongeai alors mes mains doucement dans leur masse soyeuse et chaude. Dans un léger soupir tu te tournas vers moi mi-éveillée. Je pouvais voir maintenant ton doux visage hâlé apaisé. Peu à peu tu dévoilas tes yeux sur moi puis esquissas un petit sourire aimant. Ton regard était tendre. Il semblait dire: « J'ai bien dormi mon amour. » Je plongeai mes yeux dans les tiens, j'approchai ma chaleur de ta chaleur, je t'enlaçai avec douceur, je déposai un baiser tendre sur tes lèvres abandonnées.

À l'aune d'un week-end

Du joli mois de Mai

Ma joie fait un festin

De la nature aimée.


Attendant le retour

Des plaisirs partagés

Je savoure les atours

Des fleurs de mes rosiers.


Les amours virtuelles

De ma mélancolie

S'impatientent de celle

Qui déserte mon lit.

## Loin de moi.

Loin de moi mon amour je te rêve

J'entends l'écho lointain de ta voix

Tes rires d'enfant se livrent aux éclats

Je marche tes hanches guident mes pas

Ta nuque balance m'emplit de joie

Tu m'interpelles je suis à toi

Tu es si belle j'en suis baba

Ton teint de miel ma douce sans voix

Je le caresse du bout des doigts

Tapi au fond de ma chambre noire

Dans un éclair blanc je l'aperçois

Qui fend la nuit et s'imprime en moi

Homme chocolat noir je fonds pour toi

Tu m'as ravi le cœur en émoi

## Loin de toi et si près.

Je suis allé aux courses à pied, en marchant,
Car rien ne vaut de courir comme un vaurien.
Je suis donc allé au marché sans courir,
Car je ne suis pas pressé comme un fruit.

Je suis en quête de lumière, sans courant,
Car le soleil seul m'éclaire comme tes yeux.
Je suis en quête des sens, clairvoyants,
Car ils rappellent ta présence comme onguent.

Je suis plus près de toi maintenant,
Car je sais que tu viens incessamment.
Je suis ta main qui se tend vers moi,
Car elle mène à ta voix qui m'émeut.

J'essuie le temps qui nous sépare,
Pour un avenir partagé.
J'essuie le temps qui nous répare,
Pour retrouver ma dulcinée.

Ô toi mon doux fruit rouge,
Lumière vive de mes nuits,
Ô éclats du sourire,
Ô toi te voilà,
Enfin là,
Là !

Je t'ai rêvée face à moi,

Tu me prenais par les mains.

Je sentais la chaleur de tes doigts,

Tu scrutais le fond de mes yeux,

Je noyais les miens dans les tiens.

La tête sur mon épaule tu m'enlaçais.

De ton étreinte mon corps exultait.

Tu relevais la tête pour m'offrir un baiser,

Je cueillais sur mes lèvres tes lèvres

abandonnées.

Vogue ton âme

Mon amour, dis,

Où est ta flamme ?

Et ton esprit,

De quelle étoile s'est-il épris ?

Tes yeux m'ont dit :

Je t'aime bien.

Pas de l'amour

Dont je rêvais.

De tes pupilles

Que je scrutais

Le noir de jais

N'ai pu percer

Ni entrevoir

Comme il scintille.

Et demain,

Pourrais-tu m'aimer ?

**Extase au miroir.**

La chevelure glisse dans ses doigts qui la lissent.

Elle démêle des mèches pour déployer ses ailes.

Au reflet du miroir vrillent ses cheveux noirs.

Virtuel visage de femme, réel reflet de l'âme.


La vague du sourire souligne d'un rouge ivre

Des pommettes fragiles parentes d'un nez subtil.

Duvet au teint hâlé que la lumière vive,

Étincelle braisée, de ses grands yeux ravive.


Mon regard voltevire et mon cœur fou chavire.

Sourires, l'enfance.

Yeux clos, silence.

Repos, confidences.

Prière, absence.

Doute, méfiance.

Mélancolie, patience.

Moments intenses,

Espérance.

Éclats de rires,

Mots griffonnés,

Balades en ville,

Airs chantonnés.

Face à face

Jambes entremêlées

Dans ton jardin secret

Entre nous s'installait

La tranquillité

Chercher tes yeux encore clos,
Ton nez, tes paupières effleurer
Puis vers ton cou glisser, plonger.

Sentir tes longs cheveux de jais,
Par ta joue me laisser guider,
Saisir enfin ce doux baiser.

Lèvres contre lèvres mouillées
Par nos langues entremêlées,
Nos corps encore ensommeillés
Tourneront sur les draps froissés
En tourbillon de volupté.

Et puis doucement caresser
Épaules, bras et reins cambrés,
De tes doux seins l'extrémité.

Alors écouter s'emballer
Sous ton sein chaud, mon oreiller,
L'écho grandissant de ton cœur.

Enfin à gorge déployée
Plonger au cœur de ta vallée
Et pour la soif de mon amour
À sa source m'y abreuver.

Au creux du lit, abandonnée

On peut entendre murmurer

Ton souffle lent, ensommeillé.

Ton corps de braise s'est relâché

Sur le ventre, membres écartés.


De ma chaise à te contempler

Je vois comme si on y était

La chambre de Van Gogh occupée.


Malgré les deux cœurs qui l'animent

Le soleil ne veut pas paraître.

L'amour est là mais pas la fête.

Il faut attendre, demain peut-être…

Tu brassais l'eau, la vie,
Le vague à l'âme.
Tu t'aspergeais le dos
D'un rythme régulier.
Tes mains jointes faisaient la Noria
Ton visage se balançant,
Prière du pénitent.
Tantôt tu souriais,
Ravissement d'une enfant.
Tantôt te renfermais,
Soucieuse maintenant.
Tantôt tu chantais
De ton lointain pays des airs lancinants.
Tantôt te taisais,
Revenais au présent.

Une fois lavée, purifiée,
Tu levas tes grands yeux sur moi.
D'un geste vif tu me mouillas
La tête, le visage, les bras.
De tes deux mains me caressas.
Les yeux fermés, je frémissais
Du contact ferme de tes doigts.
J'étais comme rebaptisé.
Puis d'un élan tu m'embrassas.

Ce moment beau à nous ravir,
As-tu eu peur d'en convenir ?
Je n'ai pas su le retenir,
Tu décidas d'enfin partir.

Le mal m'a pris un soir par surprise

Quoiqu'assis il me lance m'incise

Sourde douleur tu joues de ma méprise

Face à ma peur ton attache m'épuise.


Je me relève pour te résister

Je sens bien que tu me fais marcher

J'ai beau bouger masser caresser

Beau m'assoupir rêver t'oublier

Tu reviens toujours me torturer


Mais dès qu'il viendra me retrouver

Mon grand amour ma vie mon aimée

Tu sombreras comme un damné.

**Au diable les autres !**

J'ai la boule au ventre,

Reviens-moi vite mon amour.

Je te veux souriante.

Oublie vite mon amour,

Cela n'a pas d'importance,

Seul compte notre amour.

« Tu n'écris plus » me disais-tu.

J'étais heureux.

Ma poésie était mélancolie.

Depuis cette soirée minable

Où chacun était seul à table,

Ton visage à moi s'est fermé.

Et du coup mon coeur s'est noué.

## La boule au ventre.

Si tu m'appelais mon amour je revivrais,

Mais le téléphone reste muet, un brin blafard.

Alors je cherche à m'occuper sans tituber.

Lire, j'ai du mal, seulement quand tombe le soir.


Je ploie sous une grosse fatigue, l'esprit amer.

En attendant je vaque aux tâches ménagères.

Surtout je marche, tantôt je vais voir la mer,

Tantôt me noie dans la foule, cherche des coins
déserts,


Je marche, me défoule, tantôt j'écris des vers.

Je ne perds pas la boule, je m'accroche à la vie.

Je ne perds pas la boule, je suis juste en sursis.

Tant pis, si tout s'écroule je vivrai de travers.

**La bête humaine.**

Bête dans l'homme, intranquillité,

Recherche de la mesure, peine à la trouver.

Sachant qu'il est mortel, il cherche à s'apaiser,

L'amour seul le fait vivre, plaisir et beauté.


La femme, que puis-je en dire ?

À elle de parler…

Éclaircir ce mystère, source de délire.

Seulement aimer…

**R**êver,
**E**ntendre,
**V**oir,
**E**couter,
**R**ecommencer,

**C**ontempler,
**E**ffleurer,

**V**ouloir,
**I**nspirer,
**S**entir,
**A**gir,
**G**randir,
**E**crire,

**A**dmirer,
**N**aître,
**I**maginer,
**M**éditer,
**A**imer,
**L**ire…


Vivre !

Agir, jouir,

S'arrêter, se réjouir,

Puis recommencer,

Sans fin ?

Quand la faux m'aura emporté

Il ne sera plus temps d'aimer,

Plus temps de rêver.

Vos yeux pour moi seront éteints à jamais

Comme pétales de fleurs fanés.

La courbe de vos hanches sera dissipée,

Disparus les plaisirs, le corps.

Souvenirs même, partis en fumée.

L'amour est une servitude, volontaire ?

Tantôt douce tantôt amère.

Nichée aux tréfonds du cœur et de l'âme

Elle distille nuit et jour les échos de sa flamme.

Rien ne peut l'apaiser, ni l'air du vague à l'âme,

Ni le chant d'un oiseau, ni les rides du temps.

Pas même l'oubli, illusion du conscient.

Ma liberté je t'ai longtemps méconnue, anxieux de rencontrer la perle rare.

T'ayant trouvée je t'ai abandonnée, dix-huit ans sans entrave.

Puis l'amour a décliné, je t'ai alors rappelée pour redorer ma flamme.

J'ai retrouvé la femme, mais triste destinée, elle a vite consumé mon âme.

Cette nouvelle idylle, sitôt délaissée, je te retrouve compagne.

Ne suis plus prêt à me prendre au filet d'un amour prisonnier.

Désormais je sais mieux t'estimer et lucide je promets de te rester fidèle.

Je sais des contraintes amoureuses le prix à payer.

Plutôt une vie heureuse seul face au temps qui passe,

Qu'une passion qui déchire et part sans crier gare.

# Table.

© 2023, Pierre Soliva.
Édition: BoD - Books on Demand, info@bod.fr.
Impression: BoD - Books on Demand, In de Tarpen 42,
Norderstedt (Allemagne)
Impression à la demande
ISBN: 978-2-3221-7976-3
Dépôt légal: Mars 2023